태양의 손길

노정숙 시집

자서

시와 친구가 되고부터
가슴 설레는 일이 많아졌다.
초등학교 때 시낭송을 들려주고
상림숲에 금호미를 찾아다니며
시의 새싹을 움트게 해준
강효실 선생님이 무척 그립다.

2025. 5. 28.
시인의 마을 내호리에서

차례

2부

3부

4부

작품 해설

1부

흙과 홍련

바람결에 날아든 햇살 한 줌
물비린내 풍기는 유혹은
꽃잎에 날개를 달게 한다

흙내는 물관을 타고 올라
일렁이는 아지랑이를 지우며
바람 앞에 서는 홍련

바다 먼 수평선마저
반짝이게 하는
그리운 눈빛으로 겨울을 산다

머물고 싶은 사랑

밤하늘 첫 별과 눈을 맞춘다
거미줄에 걸린 바람이 휑하다

검은 머리 파뿌리 될 때까지 살겠다고
언약한 날 엊그제 같은데
풀잎 끝에 맺힌 물방울로
단숨에 흘러간 지난 시간들

물빛을 딛고 서서
꽃 피우지 못한 강물 등지고
풀 먹인 옥양목으로 한 생을 건넌다

나는
어떤 자화상을 쓰고 싶은 걸까
그리고 그대는

세월의 가면을 벗고
우리 둘 하나 되어

먼 훗날
빛 고운 화석으로 남고 싶다

태양의 손길

무화과 묘목을 심는다
비꽃이 살포시 손등에 떨어진다
열매 속 꽃을 볼 수 있으려나

긴 장맛비는 그칠 줄 모른다
작은 도서관,
책을 읽은 지 삼십 분도 안 되어
글자들이 제각각 흩어진다
노안이 시작되면서 걱정이 많다

저녁밥을 지으려고 쌀을 씻는다
서녘 해와 눈이 마주친 순간
심한 통증으로 달포 동안
힘든 시간을 보낸다
'괜찮겠지'

부처님 가피를 믿기로 한다

.

.

.

겨자씨보다 작은 점들이 보인다

상사화

가슴에 너를 심고부터
푸른 멀미가 수시로 찾아와
한갓지게 음표를 그린다

햇살을 꽃술에 버무려
하늘 문 열면
향기는 여행을 서두른다

꽃봉오리 수줍게 벙글어
뙤약볕 단조로 편곡하여
애달픈 서곡을 연주한다

꽃잎에 입술 포개면
신비한 물감을 푼 듯
청순한 숨결이 느껴진다

너를 곁에 두고

누리는 교향곡
낮달 가슴도 설렌다

연꽃 배웅하고

지구별에 오기 전부터
큰 돌을 안고 있었을까
반야심경 젖은 꽃봉오리에
눈물방울이 떨어진다

연밥 짓는 꽃대는
서둘러 하안거를 마치고
꺾인 허리를 지탱한 채
걸어온 발자국을 지운다

'만물이 부처'*
피고 지는 꽃그늘로
설레는 강물이
똬리를 틀고 있는지
뒷산 뻐꾸기 울음소리
오체투지로 펼친 경전이다

*성철스님 화두

혼자 웃는다

흙을 찍어 맛을 본 나는
수작업으로 투박한 다기를 빚고
옆 사람은 물레를 돌려 접시를 만든다

불가마에서 나온 찻잔이 가슴을 두근거리게 한다

냉동실에서 자리다툼을 하다가 쫓겨난
뚱딴지꽃을 주전자에 넣고 끓인다

달디단 꽃향기가 거실 가득 퍼지고
어디서 왔는지 흰나비가 창살에 앉아있다

봄볕이 목젖을 타고 넘어가는 부드러움에
꽃을 딸 때 아픈 느낌은 간 곳 없다

찻잔 속에 피어나는 꽃송이를 보며
미소라 쓰고 지운다

나를 찾아서

북극성을 출발해서
고귀하게 받은
이름 석 자,
한참 살다 보니
불시착을 원했다는 말에
한없이 가여워진다

대연 선생은 내게
아호 고천古泉을 주며
물이 되어
끝없이 낮추고 베풀어야만
업業이 씻긴다고 하셨다

감로사 혜총스님으로부터
법명 선덕자善德子을 받고
어떻게 살아가야 할지
법당에 앉아 눈을 감는다

백팔번뇌 풍경소리가
죽비 되어 도솔천을 걷는다

행운 경전

대저 금수현 길을 걷는다
버려진 행운목이 자꾸만 눈길을 끈다
한때는 사랑을 독차지했을 네 이력이 궁금해
둥근 몸통에서 가지를 꺾어 배낭에 꽂고 오일장을 둘러본다
벚나무 사이에서 무서워 떨었던 흔적을 지우고
사람들이 말을 걸어올 때마다 푸른 미소를 짓는다
메모지를 펼친다

“이 아이는 물을 좋아해요.
백일 간 물속에 담가 두었다가 심으세요.
잘 부탁드려요!”

반려 식물 황금염좌를 떠나보내고
오랫동안 공들여 만든 백자 화분에
건강한 흙을 넣고 심는다
온종일 햇볕에 목마른 너는 하늘바라기를 한다

예비 사위 부모님을 상견례하고 온 날

삼십삼 년 만에 첫 꽃을 피워 향기 공양을 올린다

심청이의 후손을 며느리로 맞은 날에도 두 그루가 꽃을 피운다

부처님께서 행운 경전을 주고 가셨나 보다

우전

곡우를 건너온 차나무
여린 햇살을 간직한
연초록 어린 순은
참새 혓바닥을 닮았다

뜨거운 불을 안고 내게 와
깊은 속내를 비쳐 보이면
그대 앞에 무릎 꿇고
하늘 물을 붓는다

동여맨 옷고름 헤치고
고이 간직한 몸을 풀어
행주가 된 오색구름은
찻물에 눈빛을 건다

표충사 선방에 앉아
문밖에 선 대나무숲 사이

꽃비 흩날리는 마당에 눈을 두고
신묘한 차향에 빠진다

홍매화

통도사 자장매는
독경 소리에 심취해
겨우내 얼다 녹기를 반복하며
꽃봉오리를 키운다

강철 날씨를 탓하지 않고
눈보라 치맛자락 붙잡고
햇살 한 줌 움켜쥔 채
꽃술에 풍경소리 담는다

다인茶人 손에 꺾여
뜨거운 찻잔 속을 유영하다가
동여맨 향기 풀어헤치고
눈웃음 지으며 열반에 든다

만어불

돌부처 이마에
흔적 없이 스며든 폭설
물길인 듯 흐르는 미소에
꽃을 보았다

울어야 할지
웃어야 할지
꽃을 향해
나는 발길을 묶는다

산기슭 물고기 떼
침묵의 소리
풍경이 먼저 알고
땡그랑 땡그랑

봉정암에서

풀벌레 노래하는 법당
염불 소리에 맞추어
업장을 한 겹씩 벗겨낸다

먼 길을 손잡고 온 강바람은
단풍나무 우듬지에 걸터앉아
노을빛을 희롱한다

솔 내음 품고 가라는
부처님의 자비로운 화두를
가슴에 문신으로 새긴다

밤새 내린 이슬이
나뭇잎에 서리꽃을 피워
와불이 되어 코를 곤다

아침 공양으로 먹은

송이 미역국 한 그릇은
죽비소리로 혈관을 순회한다

마주한 천년

어둠이 뿌리내린 태백산
천제단을 오르는 길목에서
함께 간 일행을 버린다

눈밭에 새길을 내는데
앞서 걷던 노부부가
빨리 오라고 손짓한다

서둘러 뒤따라 걸어도
거리는 좁혀지지 않고
숨소리만 요란하다

달빛이 쏟아지는 철조망 안쪽
황금 불상에 두 손 모아 절한다

박명이 숨 고르기를 서두르자
앞선 모습은 사라지고
별빛 머물다 간 능선에는

‘살아 천년 죽어서 천년’
주목이 마주 보고 있다

아침노을

상사화를 지키려는 땀방울이
밥상을 초라하게 하지만
뒤돌아보지는 않는다

눈망울이 노을빛으로 물들면
버드나무 그늘에 기대서서
'풀'* 을 읊조린다

햇살이 살찌는 낙동강 하구
뱁새 날갯짓 장단에
마음 한 자락 고요해진다

붉은빛이 풀잎에 스며들어
벌판에 숨결로 피어오르면
강물은 황금빛으로 눈부시다

* 김수영의 시

꽃 마중

납매와 눈 맞추러 가는 길
남산에 걸터앉은 태양은
수줍게 눈인사하고
밤티재는 엎드려 등을 내준다

대감사 노스님은 매화차 우려
봄소식 기다리고
부처님 눈빛 닮은 꽃봉오리는
노란 종소리로 반긴다

외길 그늘

마른 어둠을 퍼 올리면
고요를 깬 그림자 따라와
깊은숨을 몰아쉰다

꿈이 출항할 때를 생각하며
주위를 둘러봐도
바람 소리만 지천이다

만선을 가진 적이 엊그제 같은데
돌아올 수 없는 강을 건너버린 걸까
눈물을 담아 본들 누가 알아주려나

외길은 더 큰 그늘을 불러오고
헤쳐 나갈 출구를 찾아보지만
수평선 넘어도 불투명하다

햇살이 고개를 숙인 저물녘

깊은 늪에 빠져드는

노을을 주체할 수가 없다

밀밭 까마귀

무논을 갈아 밀 씨를 뿌릴 때
아버지는 바가지에 씨앗을 담아서
내 몫을 챙겨주신다
싹이 돋아 자라는 동안
함박눈이 놀다간 자리마다
동무들과 뿌리 밟기를 한다

황금빛으로 물들어 가는 밀밭은
하굣길에 찾는 빵집
한 움큼씩 꺾어와 모닥불에 올리면
구수한 연기는 코에 스미고
두 손으로 비벼 입에 넣으면
쫄깃한 식감은 빵 맛이다

고흐는
밀밭 위를 나르는 까마귀를 그리고
내 귀에는 날갯짓 소리 고인다

호박꽃 다화

물오른 호박 덩굴에 핀
수꽃 하나
한눈팔다 보쌈 당했다

귀한 만남 있는 찻자리
차향은 은은하게 피어오르고
등을 켠 꽃대가 흔들린다

마실 나온 석간수
나지막한 곡조로
물소리를 연주한다

다향에 취하여
찻물 곱게 물든
호박꽃, 전설이 된다

외양포 지나는 비

시간이 멈춰 선 흔적을 따라
대항 고갯길을 넘어서면
외양포 포진지가 있다

일제가 할퀴고 간 상처
한 세기가 흘러도 늙지 않고
깊은 한숨을 몰아쉰다

바다를 향해 서 있는 소나무에
귀 기울이면
나이테로 새겨둔 얼룩이 보인다

수직으로 내려서는 빗줄기
대못 자국 지워질까 두려워
파도 소리로 휘청인다

잠 못 이루는 밤

떠나지 못하는 넋들을
갯바위에 묶어두고 울먹인다

길 위에서

천년 향기가 밴 불국사
머리 숙여 일주문을 들어선다
바람을 품은 솔방울이
짙은 풍경소리를 내며
발 앞에 떨어진다
관음송이 나를
기다리고 있었던 걸까
마음속 잔물결 넘쳐
극락전으로 흘러가고 있지만
내 안에서 서성이던 침묵은
가부좌를 틀고 앉아
햇살 삼매경에 빠진다
범종이 노래를 멈추자
합장한 향 내음이 달려와
탑돌이 가자고 손을 내민다

2부

꽃무릇 1

바람에 여미는
그대 사랑이 궁금한
잎새는
정오 가을볕을
하얗게 그리웁니다

사랑이여!
꽃잎에 맺힌 눈물
그리움으로 영글어
저 멀리 별이 되어
만나게 하소서

꽃무릇 2

홍조 띤
나를
그대 보시라
기다리면
올까하여
가을을 다지고 있나니
그래도
아니 오면
나의 그리움
번뇌에 빠지리라

꽃무릇 3

그대 향한
내 그리움
노을보다 붉어
더 슬프다

서산에
노을 지듯
나도 당신도
저 서녘을 넘어서면
만남의 세계가 있으리라

일곱잎클로버

화창한 봄날
우물가에 앵두나무를 심는다

바람은 먹구름을 몰고 와서
단비를 뿌리고
태양은 구름 위에 누워
여유롭게 입맛을 다신다

어느새 비가 그치고
길이 잘 보이는 햇살 아래
노랑나비와 함께 종달새 노래 들으며
일곱잎클로버를 찾았다

태양과 비와 바람의 합작으로
우주가 맺어준
떼어놓을 수 없는 단짝 친구
앵두꽃이 핀다

열한 살 때
곰실 다랑이 논둑에서
찾은 이후
반백 년 만에 대저생태공원에서 또 찾았다

목련꽃 낙화

낙동강 뚝방길을 걷는다
꽃샘추위에 떠는 목련꽃에 이끌려
발걸음을 멈추면
느린 강물 소리 귓가에 스친다

가까이 가기만 하여도
스스로 조용해지는
꽃그늘 아래 앉으면
숨결 고운 등불이 켜진다

동박새 나래짓은 바람결을 타고
하얀 손수건으로 떨어져 더 슬픈
사월을 수놓는 별리는
햇살을 손짓하는 왈츠곡이다

명지카페에서

둥근 커피잔 속으로
노을이 번지는 시간

을숙도 풍경이 함께하는
자리에 앉았더니
새털구름 흘러가는 창 너머로
물무늬 흔들림과 하나 되는
나의 낭만을 위하여
낙동강 저녁물꽃 피어나고 있다

아보카토의 달콤함과 어울리는
커피 본래의 향, 그곳으로

자맥질하는 노을
카페라떼 잔을 채운 하트가
핑크빛으로 새겨질 때
강물은 제 이름을 지웠다

봄볕은 선물

축제가 열리는 30리 벚꽃길,
대저둑방시화길을
맨발로 걸으며 콧노래를 부른다

포실한 강변을 누비며
쑥 캐는 여인들 몸짓은
꽃들의 왈츠로 이어지고
윤슬을 껴입고 수줍게 웃는
클로버 꽃반지는 덤이다

햇살 한갓지게 품고서
꽃길 걸어온 발자국 위에
노을빛 쉼표 하나 찍는다

오동꽃

‘오동꽃’* 은 선생님을 꾀꼬리로 만든다
아이들 눈동자는 별이 된다
백지 위에 씨앗을 뿌린다
내 글을 본 선생님 얼굴에
연분홍 미소가 번진다
모두 눈을 감으라고 한다
낭독이 끝나자
손뼉 소리가 교실을 채운다
앞으로 시인이 될 거라며 기뻐하신다
꿈속에서 만난 선생님 따라
신발을 손에 들고
상림숲을 까치발로 걷는다
무지개 둥근 꿈이 나를 깨운다
그날 이후 내 꿈은 시인!
시를 낭송하면 심장이 뜨거워진다

*유치환의 시

나의 배롱나무

담임 선생님*께서
식목일에 묘목을 주며
잘 키워보라고 하셨다

마을 어귀에 심자
비손하는 간절함을 눈치챈
소나기는 수시로 다녀간다

벌거벗은 나무들은
붉은색 하얀색 보라색 꽃숭어리,
몸을 가리느라 늘 바쁘다

꽃이 피고 지기를 세 번
햅쌀밥이 두레상에 오르자
마음 다한 백일기도를 끝낸다

고향 곰실에 가면
당산나무와 나란히 서서

한결같이 나를 반긴다

*함양읍 위림초등학교 6학년 1반 강효실 선생님.

내호리

태양이 솟구치는 내호리에
살구꽃이 병풍을 친다

문필봉에 떠오르는 해를
툇마루에 앉아 맞는다

오누이공원을 둘러 가는
청도천 물줄기는 힘이 넘친다

시인의 마을*은
옛 정한을 그대로 간직하고 있다

*이호우 · 이영도 남매 시인의 생가가 있는 마을

청솔가지 사랑

한평생 살면서
따뜻한 말 한 번
입 밖으로 내보낸 적 없는
그녀 남편은
가슴속에 잉걸불을 간직한 채
혼백으로 떠날 아픈 몸을 이끌고
지게를 지고 뒷산에 올랐다
추위를 타는 아내를 위해
청솔가지를 꺾어다가
땔감 탑 세 개를 쌓았다
가마솥 아궁이는 알고 있으리라
경상도 사내의 사랑법을

낙동강을 건너는 미소

병원을 수시로 찾던 그녀는
배낭에 간식을 챙겨
어둠 실은 도시철도 3호선 첫차를 탄다
물안개 피어나는 낙동강을 건너면
구름 모자 쓴 고당봉이 미소를 보낸다

매미 떼창이 더위를 부채질하는
대저생태공원 파크골프장
구르는 공을 따라 걸으며 "굿샷"을 외친다
갈대도 "나이스" 손짓하며
은빛 춤사위를 펼친다

95그램 공이 주는 행복은
건강을 지키는 보약
강바람 한 자락에 마음을 씻고
자식들 무심함을 응원으로 여기며
푸른 잔디 위 주인이 된다

봄빛 풍경

우수에는 물소리가 바쁘다
해가 눈곱을 떼기도 전에
아버지와 소는 들로 나간다
대지 가슴을 쟁기질하는 풍경은
언제 보아도 봄빛이다
"이리야, 워워"
대화 폭이 넓고 깊다
집을 나설 때는 아버지가
앞장을 서서 걷더니만
돌아올 땐
바지게에 봄바람 가득 담은 아버지를
소가 이끌고 온다
엄마는 정지에서 밥을 짓고
나는 가마솥에 쇠죽을 끓인다
밥상이 차려지는 동안
소등을 빗겨주는 아버지 손길은
소 눈동자에 뿌리내린
한 그루 계수나무다

풍장

삭제된 오후에
고개를 떨구고 장기기증을
숨죽이고 지켜보고 있노라면

길목마다 가시 문신을 새긴
모진 비바람이 앞을 가리지만
어둠이 감춘 온기를 이겨낸 순간

표류하며 침몰하는 시간에도
그 누구도 탓하지 않고
대들보 역할을 다하였으나

우주에 떠도는 별이 되려고
납작 엎드린 자세로
바람을 타고 떠난 그녀

모래알에 새긴 문신

가야 할 곳을 찾지 못하고
묵언 중인 반가사유상을 남겨두고
을숙도 다리를 건너왔다

강물 끝에서 띄워 보낸
편지를 찾아 노을빛 선명한 파도를
지워야만 했다

지구가 수만 바퀴를 돌아도
늙지 않는 추억 속 세레나데는
설레는 가슴을 부채질한다

다대포 백사장에 새긴 언약
사랑한다는 말 한마디
구름 되어 푸른 하늘을 맴돈다

서운암 공작새

금낭화가
길목마다 등불을 밝혀 들고
길손을 맞는다

장독대 옆에 걸려 있는
목련꽃 시화에 공돌이가
채색화를 그려 넣는다

소나무 가지에 올라앉아
목탁 소리를 배경으로
시를 읊조린다

현생에 이루지 못한 인연
내생에는 맺게 해달라고
장경각을 향해 기도를 드린다

공순이가 불두화 그늘에서

졸고 있는 사이
속절없이 애간장을 태운다

빈터

신세계를 꿈꾸는
배가 고픈 손은
채송화 씨를 뿌리고
흙으로 덮는다

꽃을 찾아 날아든 꿀벌
날갯짓 소리에
웃자란 허기가 싹을 틔워
달팽이관을 파고든다

눈길 한번 받지 못한 자리가
어둠 밝히는 꽃밭으로 변하자
그늘이 살아 꿈틀거리고
어느새 무지개를 닮는다

대항 몽돌해변

달빛을 품은 파도는
질박한 몸짓으로 노래를 부른다

철썩거릴 때마다 높이가 다른
모서리 내어준 돌
두근거리는 가슴을 어루만진다

쟁여둔 언어들이 풀려나와
숨비소리로 어깨를 토닥이며
힘내라고 응원한다

끝없이 피어오르는 물꽃 향연
뱃사람들이 목청껏 부르는
둥근 가락이 키를 세운다

겨울이 설렌다

묵상 중인 겨울과 눈을 맞춘다
봄이 오는 길목은
언제나 너에게 가는 길을
무지갯빛 춤사위로 비춘다

햇살이 기지개 켜면
맥도생태공원은 뿌리를 찾아
철새들 노랫소리 깊어지고
유채꽃은 밥상을 차린다

백조 노니는 늪에는
옷 벗은 하늘이 흥건하고
물밑에서는 가시연이
촉을 키우느라 분주하다

앞가슴 여미는 갈대숲으로
발걸음을 옮기는 청둥오리 떼

낮달은 가던 길 멈추고
수묵 담채를 삼킨다

기우뚱

구겨진 시간을 건너뛰지 못한 강물
우두커니 서서 휘청이다가
강물 끝 명지로 유배를 왔다

을숙도다리를 건널 때면
왼쪽 날개는 강물에 젖고
오른쪽 날개는 바닷물에 젖는다

돌부리에 걸려 넘어질 때마다
물빛에 마음을 씻고
벚꽃길을 맨발로 걷는다

강물과 바닷물 사이로
가지런한 갈매기 음표가 있어
갈대도 숨통이 틔운다

3부

수박

수박을 잘랐다
지난밤 나처럼
고열을 앓았나 보다

홍열이 유난히 드셌는데
나도
뒤늦게 잘 익어 가려나 보다

서운암 찔레꽃

꽃들이 만개한 서운암
정월에 담가놓은 장에
하얀 꽃망울이 맺힌다

“어머나! 찔레꽃이 피었네”

꽃잎이 피고 지고
단비가 세 차례 연주회를 여는 사이
장맛이 발돋움하고 있다

각시탈

명지 국회도서관을 찾는
횟수가 늘어난다
천지가 개벽한 그날
바람꽃을 머리에 꽂고
웃는 얼굴로 행간을 걷는다

자음과 모음을 꼬드겨
낙동강에 마음을 씻어
몰아치는 빛줄기를
등 굽은 화석으로 새겨 넣고
가쁜 숨을 몰아쉰다

누군가 그어놓은 밑줄
깊은 그늘을 간직한 단어는
촉각을 곤두세우고
피돌기를 시작하자마자
각시탈을 쓴 나를
낯선 땅 이방인으로 찾아낸다

9월의 춤

손끝에 물든 비췻빛이
바다가 된 9월 어느 날
다대포 해솔길을 걷는다

비에 젖은 해송들이
앞가슴 풀어헤치고
솔 향기를 뿜어낸다

바람은 숨 고르기를 하며
파도 소리에 장단 맞추어
소금꽃 흔적을 지운다

산제비나비 한 쌍
춤사위를 펼치며
몰운대를 순회하고 온다

휘파람새

단풍 날개 앞서가는
화명동 등산로를 따라
금정산을 오르는 숲길
낙엽이 안내한다

휘파람새 노래는
달팽이관을 타고 들어와
혈관 속을 오가며
걷고 또 걸어도 제자리다

가슴이 요동치는 보행은
묵혀둔 티끌을 털어내고
온통 시월 빛이 되어
어느덧 단풍 든 콧노래다

사막 바람

즐거웠던 흔적마저 지워버린 날
회오리바람은 빗살무늬 길을 낸다

낙타 숨소리 거친 고비사막
땀방울에 젖은 모래알이 날아간다

신기루로 이어지는 지평선
부활초꽃이 등불을 켠다

쏟아지는 뙤약볕 속을 걷는 나는
행간을 떠도는 바람이다

파도 소리를 보다

촛불을 들고
광화문에 모여든 시민들
싱싱한 물결이 인다
님의 위한 행진곡 따라
구호를 외치며
같은 곳을 향해 걸어가는 사람들
거센 어둠을 헤치자
가슴 깊숙이 간직한 빛들이
한 방향으로 모인다
시냇물 흘러들어
바다와 손잡고
큰 파도로 출렁거릴 때
아시아 동쪽 변방에
푸른 날개가 돋는다

커피나무 시집보내고

엄마가 즐겨 마시던
양탕국은
어린 눈에 간장으로 보여서
볼 때마다 고개가 갸우뚱했다
나를 키우는 산양도
커피를 무척 좋아해서
예민해 날뛸 때면
커피콩을 주어 달랬다

농장에서 입양해 온
커피나무는 낯가림이 심해서
수시로 잎을 떨구어
눈살을 찌푸리게 했지만
긴 시간 키워
명지커피학원에 시집보내고
잘살고 있는지 궁금해
차를 핑계 삼아 찾아간다

와카치나 사막

안데스산맥 품 안에서
버기카에 앉아
바람 따라 몸 휘둘리다 보면
한 줌 모래가 된 나를 만난다
모래 선율에 빠진 웨이브에
웃음소리를 순식간에 덧칠하고
굴곡진 능선에 음색을 새겨
가슴 깊이 파종을 서두른다
햇살과 그림자가 그린
기하학적 추상화를 남겨두고
광활한 석양이 외치는 작별 인사야
뜨겁기는 마찬가지다
피스코 사워 잔을 부딪치며
무수한 별빛 속에 내
별자리를 찾는 수다는
여행길에 만난 오아시스다

관심 인형

함박눈이 허벅지까지 내리는 날
등교는 하지 않고
양지쪽에 옹기종기 모여
고구마를 깎아 먹었네

돌배기 아들을 먼저 보내고
몰아치는 눈보라 속을
맨발로 헤매던 운봉댁
덧난 상처는 옹이로 박혔네

손끝이 매운 그녀는
호돌이 인형을 만들어
내 품에 안겨주며
눈물 웃음 지었네

오십 년이 흐르는 동안
호돌이는 헤어져 볼품없지만

언제나 가방에 매달려
나를 지키는 수호신이라네

방생

화명초등학교 앞에서
아들이 사 온 거북이는
아무거나 잘 먹는다
민달팽이 특식을 주면
한입에 먹어 치운다
물비린내를 풍길 때도 있지만
삼십 년을 함께 살았다

폭우에 대천천이 범람하여
길이 물바다가 된 날
거북이는 목을 길게 빼고
창밖을 내다본다
어떻게 할지 몰라
거북이에게 깊이 빠지는 순간
방생이란 단어가 머릿속을 스친다

이기대로 차를 몰았다
도착한 너럭바위,

수백 마리 거북이 떼로
바다 물색이 검푸르다
이별은 빠를수록 좋아
잘 가라며 손을 흔들자
가던 길 멈추고 뒤돌아본다

풍등을 띄운다

K의 시간은 바람 앞에 켜놓은 등불이다
소천 소식을 메시지로 받았다
하늘이 무너지는 소리가 귓전에서 들렸다
서둘러 문상을 갔다
꽃 속에 파묻힌 그녀는 평온해 보였다
그녀 시를 펼쳐놓고 우리는
한 사람씩 돌아가며 낭독했다
시향과 하나 된 여린 꽃봉오리
두 딸이 조용히 속삭인다
강물이 되어 시 밭에 씨앗을 파종하는
지인들과 손잡고 바다까지 왔으니
아무런 여한이 없다며 웃는다
문우 중 가장 어린 그녀,
가는 길에 징검다리가 되어줄 풍등에
그녀 시를 필사해 하늘 멀리 띄운다
갈 때는 순서가 없다는 듯 손을 흔들며
풍등이 가는 길을 따라갔다

귀가

대마등에서 점심을 먹는데
옆 좌석에 앉은 누군가
시인은 다 분열증 환자라는 쓴소리에
목구멍에 미늘이 걸린 것처럼 아프다
밥알들이 세로로 일어난다
기죽어 있던 김치가 물을 마신다
못 들은 척 내숭을 떨며
냉수로 달팽이관을 씻어낸 나는
'나와 나타샤와 흰 당나귀'를 읊조린다
눈치를 살피는 주인에게
맛있게 잘 먹었다는 인사를 남기고
블랙커피로 입술을 적시며
낙엽 휘날리는 둑길을 걷는다
기러기 울음을 주머니에 넣고
서재로 돌아와
『내가 백석이다』*를 읽으며
상처 난 가슴을 달랜다

*이동순 시집

그릇을 깨고

빗어놓은 접시에 금이 갔다
원시로 돌려보내야 한다
가는 길은 멀고도 험난하지만
잘게 부수어 물속에
놓아주는 길 뿐이다
긴 침묵 끝에
시침을 갉아먹고
몸을 풀어헤친 흙을
다시 뭉쳐 만든 화분을
불가마에 넣고 구워
'진주목걸이' 다육이를 심는다
모호한 실금을 숨기려고
고요는 촉수를 새겨
소실점에서 원시로 번진다

만어사 너덜겅

밤새 쌓인 눈이
한 방울 두 방울 흘린 눈물로
계곡에 물길을 내고
바람은 쉴 새 없이
만 마리 물고기 떼를 몰아
산 아래로 내려가
낙동강에 풀어놓는다
너덜겅은 침묵할 뿐
입에 빗장을 걸고
시치미 떼고 앉았다
햇살은 돌부처 볼에 선명한
눈물 자국을 그려놓고
강으로 눈길을 보낸다

바다 가뭄

쉴 틈 없는 파도를 따라 거북이
수백 마리가 갯가로 몰려든다

육지에서 흘러든 불빛이 밝아질수록
검은 바다는 가뭄이 심해진다

담장 없는 바다에 누군가
마구 버린 거품을 본다

바다가 구토할 때마다
혹등고래 숨소리가 거칠다

팔뚝 굵은 어부들은
그물에 허공만 채워 돌아온다

초침을 먹다

무릇 꽃씨가 정착한 곳은
자손 없는 초라한 봉분
가족을 일구어
오순도순 자리를 잡았다
구름피 먹고 자란 꽃을 보고
양떼구름이 미소를 짓는다
벌초하면서 꽃대를
잘라야 할지 고민이다
예초기를 바람결에 헹군다
산소를 지키려는 나비잠자리
날갯짓이 멀미를 일으킨다
풀 내음 허공으로 날아가고
햇살이 품속으로 파고든다
초침을 먹고 자란 밤송이
정적을 깨며 떨어진다
술시는 먼 데 땀방울이
막걸리 한 사발을 들이켠다

구름 위에서

로마로 가는 비행기 안이다
책으로 떠나는 여행은
겨드랑이에 날개를 돋게 한다
오랫동안 쳐놓은 그물망을 걷어내면
책장을 넘길 때마다
낯선 하늘이 문을 연다
여민 가슴에 길을 내고
어린 태양이
봇물이 되어 차오른다
갈 수 없다고 믿었던 날들이
가능한 날들로 자리를 바꾼다
방향지시등을 밝힌다
흘러가는 구름 위에 앉아
아이스와인으로 건배를 한다
책갈피가 귀엣말을 속삭인다
'여기저기'
여러분 기쁨이 저의 기쁨입니다

길 끝에서

앞만 보고 달려온 길이
꽃길이라고 말할 수 없지만
돌부리에 걸려 넘어진 적은 없다

가슴이 못 견디게 흐린 날은
꽃그늘에 앉아
'갈보리의 노래'*를 읊조린다

쉼표로 저무는 해 질 녘
둥근 물소리 장단에 흘려보내면
마음 한 자락 밝아진다

노을빛 출렁이는 강물 끝에
저무는 햇살 다독이며
걸어온 길을 뒤돌아본다

*박두진 시

천년 재회

꽃무릇이 상림숲에 불냈다고
구월 바람이 전하는 소식에
잠자던 유년이 깨어난다

맨발로 숲길을 걸어가면
햇살이 나뭇잎 사이를 스치며
속삭이는 소리가 들려오고
꿈결에도 찾아 헤매던 금호미는
나무들을 지키는 사천왕이다

고운 선생은 호미를 들고
나는 푸른 물소리로 다가선다

4부

탄생

링거를 맞는다
알 수 없는 흔적들
몽롱하게 지나간 시간이
다시 선명하다
아,
세상!
세상이 보인다

어머니의 바다

바다를 무너뜨리는 불씨를
눈도 깜짝 않고
버리면 어쩌란 말인가

해심에서 들려오는 낯선 소리
몸살을 앓는 고래를 구해달라고
세이렌조차 절규하는…

섬나라에서 방사능 오염수를
해양에 방류한 날부터
명지 앞바다가 울고 있다

차꽃

햇살 따가운 한낮
텃밭 차나무 울타리
속 깊은 나뭇가지에
가을을 수놓는
소담스러운 하얀 꽃송이
은은한 향기 재단하는
맹꽁이 노랫가락은
단아한 찻상 차리는
울 엄니
귀밑머리 떠오르게 한다

정전 71주년

영도다리가 벌떡 일어선다
……!
곰실댁은 가슴속에 묻어둔
판도라 상자를 연다
전쟁이 터진 줄도 모르고
친구와 읍내에 갔다가 붙잡혀서
부역하게 된 그녀
상림숲에 산더미로 쌓인 포탄을
지리산으로 옮기라는 불똥이 떨어져
시키는 대로 하다가
자식들이 눈에 밟혀서
소피를 보러 가는 척하고
죽을 각오로 도망쳐 집에 왔다
며칠 후 퇴각하던 인민군이 몰려와
마을을 샅샅이 뒤져 장정을
하나둘 찾아내어 새끼줄로 묶어서
서래봉으로 끌고 갔다
시집올 때 가지고 온

외할머니 손때 묻은 장독 속에
곰실양반을 숨기고 가슴 졸이는데
난사된 총알이 독을 뚫고 지나갔다
저승 문턱까지 갔다 온 그녀 남편은
장독 덕분에 위기를 넘기고
손주며느리 배웅을 받으며
서쪽 강을 웃으며 건넜다

168번 버스

경적을 멈추고 서 있다
승객도 멈춘 차를 책망하지 않고
창밖으로 꼬리 흔들며 천천히 지나가는
강아지 한 마리가 건너가기를 기다린다

비바람 몹시 불던 날
우산도 없이 뛰어오는 나를 기다려 줄 때도
백미러 안에 들어온 강아지는
기사님을 향해 꼬리를 흔든다

히말라야 커피

내 목젖은 거침없이
히말라야를 넘긴다

분홍빛 소금이 잘 스며 녹은
따뜻한 맛을 머금고
커피 이야기에 잠긴다

컵 안에 든 머나먼
높은 산맥을 느낀다

어머니의 유언

6.25 한국전쟁은
어머니의 기를 송두리째 앗아갔다
아픈 그림자를 남겨두고
상처 난 그늘 속으로 걸음을 옮겨놓았다
거센 소용돌이가 앞을 가로막아도
입술을 깨물며 참아냈다
속울음을 삼키며 미소를 지었지만
그럴 때마다 가슴속에는 피눈물이
봇물이 되어 흘러내렸다
늘 "괜찮다"는 말로 위로하며
한숨 소리를 콩밭에 심고 돌아섰다
오십 년이란 모진 세월을
눈물로 지새우며
조국을 지키다 이슬이 된
남편과 큰오빠
심장에 묻어둔 어린 아들을
찾아 헤맬 때마다
옹이 속에는 또 다른

나이테가 자리 잡았다
눈물을 앞세우고 먼 길 떠나던 날
“이 나라에 두 번 다시
전쟁이 있어서는 안 된다”는
애절한 한마디를 남겼다

청도천 천렵

긴 장마 끝 무렵 전화가 걸려왔다
강물이 나직하게 노래 부르니
물고기를 잡아 어탕 끓여 먹으며
동동주 한잔하자고 한다
설레는 가슴으로 달려간 청도천에
낚싯대를 드리웠다
두 시간 동안 피라미 서너 마리 낚았다
낚싯대를 접고 강을 따라 내려가는데
물이 놀다간 자갈밭에
동살이, 수수미꾸리, 퉁가리, 꺽지,
메기, 피라미, 망태, 쉬리 등등
물고기들이 지천으로 뛰놀고 있다
양손으로 주워 담는다
순식간에 한 바가지다
평생 경험하지 못한 행운이다
강 건너 흰 수달은
제 곳간 털리는 것이 안타까운지
망연한 눈짓으로 쳐다본다

이 기적 같은 일을 겪는 내내
가슴은 쿵박질하며 물 위를 떠간다

세종대왕을 찾다

언어들과
숨바꼭질하다가 뜬눈으로 보낸
한글날 아침,
창밖에는 해무가 짙다

세종대왕 태실로 발길을 재촉한다

비석에 두 손을 모으고 깊은숨을 쉰다

작은 불씨가 꿈틀거린다

자음과 모음 불러와
제대로 퍼즐을 맞춘다

세종대왕의 근엄한 얼굴이
빙긋이 웃는 모습으로
내 안에 교체 된다

메모지를 얼른 꺼내 점을 찍는다

나의 감정들이 물 만난 듯이
순식간에
툭툭 싹을 돋우는 것이 아닌가

잡초와 전쟁

매미 울음을 멜로디 삼아
잡초에 시선을 꽂는다
뽑아버려야지
–맴맴
새 호미는 날카롭게
이를 물고 터를 넓혀
죽기 살기로
–맴맴
척박한 땅을 물고 산
잡초의 끈기에
두려움이 생길 때
매미는 어디론가 사라졌다

한글 날다

창밖에
태극기를 내걸고
무궁화 꽃차 한 잔을
세종대왕 능을 향해 올린다

한글
아리랑
비빔밥은
'한아비'라는
명사를 출산한다

수천 문자 중에서
다양한 표현으로 쓴 한글책
『어린 왕자』를 손녀에게 읽어준다
세계에서 가장 으뜸인 한글이 자랑스럽다

보수동 책방골목

생기 잃은 길을 걷는다
골목은 가난하다
발걸음 붐비던 시절은
노다지 보물 쉼터였다
눈치 없이 쌓인 먼지를 털고
책더미 속에
임종성 시집과 눈이 맞았다
시인의 체온이 남아 있는
『소리의 몸은 둥글다』를 펼친다
첫 페이지에서 만난 못 자국이
마지막 장으로 갈수록 더욱 깊다
그늘 지우고 돌아서면 부메랑 되어
깊숙이 파고들었을 덧난 상처
굵은소금이 뿌려져 있다
가슴이 저려온다
허공을 향해 날아오른 흰나비가
길을 잃고 헤매다 돌아와

다정하게 누이라 부르는 목소리
책 속에서 환청으로 들린다

이별의 강가에서

삶의 무게가 벅찬 날에도
즐거운 마음으로 음식을 만들어
베풂을 즐기던 시누이* 에게
적색 신호등이 켜졌다

간절히 빛을 찾는 이웃에게
장기기증으로
따뜻한 온기를 전하는 사이
잿빛 하늘에서 빗방울이 떨어진다

빈손으로 왔던 길을
추억으로 동여맨 심장만
고이 간직한 채
만가를 부르며 강나루에 선다

입가에 천년 미소 번질 때
목메인 인사도 못하고
이별이 서러워서

혼자 마른 눈물을 삼킨다

* 불막열삼 화명점 점주(체인 1호점)

탄주

가야금 현을 고르다가
한 옥타브 높은 음표로
줄을 타는 밀양아리랑

보랏빛 채색을 꿈꾸는
오동나무 통속에서 살아나오는 숨결
벼린 칼날 위를 사뿐히 걸으며
탄주가 켠 여운을 말아 올린다

폭포를 건너뛴 음색으로
가다듬지 않은 목젖을 따라가는
열두 줄이 구불구불 넘어간다

삐딱선

낯달은 붉은 신호등에 걸려
가던 발걸음이 묶인다

침묵이 손을 내밀자
어깨가 왼쪽으로 기운다

톱니바퀴를 벗어난 좌표
단어들이 삐딱하게 읽힌다

웃자란 생각들이 휘어져
문장 사이에서 부딪힌다

청바지

오십 년 지기가 왔다

거제 궁농항
낚시공원 방파제에 앉아
“청바지”를 외친다

산낙지 한 접시에
소주 한 병
술에 취한 파도는 노래 부른다

거가대교를 달리며
달아오른 인생에 밑줄을 긋는다

청춘은 바로 지금부터다

어느 날 가을

시詩가
휴가를 갔다
언제쯤 돌아오려나
백지보다 하얗게
사라진
글
시가
없다
노래가 없다
다만 계절의 침묵만 있을 뿐

물티슈

자작나무 부러진 가지에서
흘러내리는 눈물을 닦아줄 때
동박새 한 쌍이 날아왔다

뜨거운 입맞춤은
흔적을 지우려는 듯
품속으로 파고든다

하늘을 향해 가지를 뻗어
백지가 되는 꿈을 키우던
지난 시간을 뒤돌아본다

껍질에 '사랑'이라고 새겨
낭만을 즐기던 지난날이
고개를 들고 일어선다

모자를 눌러쓰고

태산목 꽃봉오리 탐색하는 시간은
색다른 느낌과 눈길로
카멜레온처럼 보이려고 립스틱을 바른다

귀를 쫑긋 세운 나는
피에로가 되어 눈웃음치고
이슬 속으로 들어간 햇살은 붉다

맛있는 명작을 찾아
꽃잎 되어 날고 싶은 가벼움은
낯선 풍경 속 언어를 줍는다

시랑리 해변에서

물총새 한 마리가 길을 낸다
바다 가장자리가 살갑게 얼어 있다
처음 만나는 풍경이라 낯설다
얼음에 갇힌 거북이가 눈물을 흘린다
맨발로 얼음장에 발자국을 찍는다
돌멩이를 주워 얼음을 깬다

물이랑을 따라 거북이를 제 집으로 돌려보낸다
물 띠를 두른 무늬가 출렁인다
얼음 구멍으로 물이 솟구친다
파도가 부르는 노랫가락을 건너뛴
내 안에도 여백이 생긴다
달이 차올라 물길이 열리면
다시 만날 날을 기약해 본다

작품 해설

자연의 순결성에 시적 상상력을 잇다

박미정(시인, 평론가)

1.

노정숙 시인의 다섯 번째 시집 『태양의 손길』을 읽었다. 이 시집에는 자연과 연결 짓는 시인의 감수성과 현실 세계에서의 생명 그 자체의 순결성이 훼손되지 않은 상태로 유지된다. 이러한 생명의 순결성은 생명 터전을 확보하면서 새로운 지향 의식을 보여준다.

더구나 그 지향 의식은 현실의 전개만으로 끝나지 않고 시인의 체질이 배어 있는 목소리가 담겨 있다. 그 목소리는 생명 인식으로부터 희망으로의 변화를 가능케 하며, 동시에 자연을 통한 회복 의지로 전환한다. 이 과정에서 자연이라는 영

역에 일정한 거리를 유지하는 관조적 자세는 인간 공통의 정서를 구축하려는 의도로 보인다.

특히 시적 대상으로서의 자연은 그의 시에서 생명력을 회복할 수 있는 새로운 창조의 터전으로 전환시켜 주는 계기로 작용하고 있으며, 생명 그 자체의 순결성을 내면에서 회복하고자 하는 것이 시집 『태양의 손길』의 특성이라 할 것이다.

2.

노정숙 시인이 주요 대상으로 삼는 자연은 시에서 발생하는 미의식과 밀접한 관계가 있으며 자아 각성의 계기를 제공하는 의미론적인 순환의 시간을 구성한다. 즉 자연스러운 시간의 흐름 속의 인식은 단순한 차원에 머무르지 않고 새로운 전환을 유도한다. 전환 속에 함몰되거나 안주하는 것이 아니라 점진적으로 발전 가능성을 피력한다.

지구별에서 오기 전부터
큰 돌을 안고 있었을까
반야심경 젖은 꽃봉오리에
눈물방울이 떨어진다

연밥 짓는 꽃대는
서둘러 하안거를 마치고
꺾인 허리 지탱한 채

걸어온 발자국을 지운다

‘만물이 부처’
피고 지는 꽃그늘로
설레는 강물이
똬리를 틀고 있는지
뒷산 뻐꾸기 울음소리
오체투지로 펼친 경전이다

—「연꽃 배웅하고」 전문

「연꽃 배웅하고」 1연에서 ‘큰 돌’의 의미를 직시할 필요가 있다. 생각건대 ‘큰’은 ‘돌’을 수식하고 있으나 정신을 정관하는 것이라 보이며 ‘돌’은 ‘연꽃’과 관련지어 보면 관념적이기는 하지만 상상력을 용출해 내고 있다. 그렇지만 “눈물방울이 떨어진다”고 하여 현실을 감행하는 모습에서 현실은 죽음을 통한 이별의 현장임을 표출하고 있다. 또한 ‘큰 돌’의 의미는 아무나 깰 수 없는 신성함과 비밀스러움을 갖고 있으며 존경의 대상으로 새로운 리얼리티를 제공하고 있다.

2연에서 환기되는 현실은 불교관으로 전개되고 있다. 시의 외연보다 내연 속에 숨어있는 내포적 의미의 진정성을 찾아 읽는 것이 이해가 빠를 것이다. “상처 없는 영혼이 어디 있으랴”고 하는 아르튀르 랭보의 말을 빌리지 않더라도 이별 앞에 놓인 삶의 생채기가 있다. 그러나 여기에서 그 생채기를 지운다고 하는 것은 잊기 위함이 아니라 간직한다는 역설적 의미라고 보아도 무방하다고 생각된다. 그렇게 생각되는 이유는,

3연에서 '만물이 부처'라는 성철스님의 화두를 앞세웠다는 것에 의미가 있다고 본다. 화두를 통해 자연을 바라보는 시인의 정신 이동은 단순한 의미를 넘어섰다. 오체투지로 펼친 자연의 경전을 찾아 듣는 경지는 영혼의 문을 다 열어 놓은 자연과의 교감이라고 말할 수밖에 없다. 그러면서 자연의 원시를 찾는 것이다.

빚어놓은 접시에 금이 갔다
원시로 돌려보내야 한다
가는 길은 멀고도 험난하지만
잘게 부수어 물속에
놓아주는 길 뿐이다
긴 침묵 끝에
시침을 갉아먹고
몸을 풀어헤친 흙을
다시 뭉쳐 만든 화분을
불가마에 넣고 구워
'진주목걸이' 다육이를 심는다
모호한 실금을 숨기려고
고요한 촉수를 새겨
소실점에서 원시로 번진다

—「그릇을 깨고」 전문

「그릇을 깨고」는 '금'이 간 것에서 나온 평범한 발상이지만 그 평범함 속에 "원시로 돌려보내야 한다"라고 천명하고 있어 예사롭지 않다. 접시가 원시로 가는 길은 흙으로 돌아가는 것으로 이해된다. 그리로 갈 수 있게 하는 방법에서 "잘게 부수어 물속에/ 놓아주는 길 뿐이다"와 같은 시행에서 보듯이 생명 의식에 기인하여 불가마에 넣고 굽는 아픔을 체득한다. 흙의 잠재적 신비성과 무한한 생명의 잠재력을 형상화함으로써 순수한 삶을 꿈꾸는 의지가 잘 나타나 있다. "바람결에 날아든 햇살 한 줌/ 물비린내 풍기는 유혹은/ 꽃잎에 날개를 달게 한다// 흙내는 물관을 타고 올라/ 일렁이는 아지랑이를 지우며/ 바람 앞에 서는 홍련// 바다의 먼 수평선마저/ 반짝이게 하는/ 그리운 눈빛으로 겨울을 산다"(「흙과 홍련」 전문)에서 시인은 햇살과 흙의 역할을 가시화하면서 그 의미의 본질로서 생명을 깊이 응시한다. 그런가 하면 그리움이라는 또 하나의 형상화를 구성해 놓음으로써 시인의 서정적 세계가 내적으로 침전하면서 시의 기반을 다지고 있다. "가슴에 못 견디게 흐린 날은/ 꽃그늘 아래 앉아/ '갈보리의 노래'를 읊조린다// 쉼표로 저무는 해 질 녘/ 둥근 물소리 장단에 흘러 보내면/ 마음 한 자락 밝아진다// 노을빛 출렁이는 강물 끝에/ 저무는 햇살 다독이며/ 걸어온 길을 뒤돌아본다."(「길 끝에서」 부분)에서 시인은 자연의 원리처럼 운명을 받아들이고 "쉼표"가 지닌 편안함의 상징성을 내재하고 있으면서도 자연의 모습과 일체화된다. 시인은 걸어온 길을 뒤돌아보는 행위를 통해 의식을 반영하고 있으며, 자연을 자세히 들여다보면서 그의 의식을 섬세하게 투영시키고 있는 것이다. "보랏빛 채색을 꿈꾸는/ 오동나무 통속에서 살아나오는 숨결/ 벼린 칼날 위를 사뿐히 걸으며/ 탄주가 켠 여운을 말아 올린다// 폭포를 건너뛴 음색으로/ 가다듬지 않은 목젖을 따라가는 / 열두 줄이 구불구불 넘어간다"(「탄주」 부분) 에서 응시의 자세와 존재의 깊이를 인식하는 끈질긴 갈구를 통해 얻고자 하는 것은 탄주의 가치이다. 그리고 시인의 삶과 연동하여 오동나무 통속이라 하여도 떳떳한 가치를 찾을 수 있다는 신념을 갖게 하며 위안과 평화가 되는 것이다.

3.

다음 시 「밀밭 까마귀」를 통해 '까마귀'를 오브제로 사용한 메시지를 읽고자 한다.

무논을 갈아 밀 씨를 뿌릴 때
아버지는 바가지에 씨앗을 담아서
내 몫을 챙겨주신다
싹이 돋아 자라는 동안
함박눈이 놀다간 자리마다
동무들과 뿌리 밟기를 한다

황금빛으로 물들어 가는 밀밭은
하굣길에 찾는 빵집
한 움큼씩 꺾어와 모닥불에 올리면
구수한 연기는 코에 스미고
두 손으로 비벼 입에 넣으면
쫄깃한 식감은 빵 맛이다

고흐는
밀밭 위를 나르는 까마귀를 그리고
내 귀에는 날갯짓 소리 고인다

—「밀밭 까마귀」 전문

이 시는 1연에서 세계와 화해하고 조화를 꾀하는 반면 2연에서 현대적 감각이 조화를 이루고 있는 것에 특징이 있다. 구수한 연기 스미는 시각을 거쳐 후각의 촉에 상기되어 미각으로 자신의 욕망을 충족하려 한다. 하지만 그 속에는 절벽이 도사리고 있는 현실을 함께 제시함으로써 의미를 확대시켜나가는 분위기를 효과적으로 전달한다. 시각의 배열에 의해 순차적인 형식의 나열인 것 같지만 강조와 부연의 기능을 보여주고 있으며, 오브제 '까마귀'를 설정하여 초현실의 서정성을 보였다 하겠다. 이러한 기법은 무모한 단어나 의미상의 배열이 아니라 주제적인 기법을 내재한 특성을 표출한 것이라 할 수 있다. "안데스산맥 품 안에서/ 버기카에 앉아/ 바람 따라 몸 휘둘리다 보면/ 한 줌 모래가 된 나를 만난다/ 모래 선율에 빠진 웨이브에/ 웃음소리를 순식간에 덧칠하고/ 굴곡진 능선에 음색을 새겨/ 가슴 깊이 파종을 서두른다"(「와카치나 사막」 부분)의 연결구조도 내밀하게 살펴보면 "모래가 된 나를 만나"는 것에서 의미를 전환하며 현실을 인식하는 동시에 '모래'의 이미지와 관련되어 새로운 세계로 나아갈 수 있는 긍정적인 의미를 구축한다. 오브제 안에서 하나의 탈출구를 마련하여 긍정적인 의미를 구현한다.

밤하늘 첫 별과 눈을 맞춘다
거미줄에 걸린 바람이 휑하다

검은 머리 파뿌리 될 때까지 살겠다고
언약한 날 엊그제 같은데
풀잎 끝에 맺힌 물방울로
단숨에 흘러간 지난 시간들

물빛을 딛고 서서
꽃 피우지 못한 강물 등지고
풀 먹인 옥양목으로 한 생을 건넌다

나는
어떤 자화상을 쓰고 싶었을까
그리고 그대는

세월의 가면을 벗고
우리 둘 하나 되어
먼 훗날
빛 고운 화석으로 남고 싶다

—「머물고 싶은 사랑」 전문

사랑을 배경으로 하여 강렬한 의지를 드러내고 있는 의지의 표상화로 볼 수 있다. 첫 별과 눈을 마주치는 생명의 동적인 이미지가 전연을 이끌어 가며 과거의 시간을 회화적인 수법으로 그려내어 단숨에 흘러간 시간을 생각하지 않을 수 없다는 메시지를 전달하고 있다. 그러나 물빛을 듣고 섰다는 묘사를 통해 환기하는 역설은 "어떤 자화상을 쓰고 싶었을까"를 토로하게 만든다. 그것은 끈질긴 내적 성찰로 이어져 '가면'을 벗으려는 하나의 기저로 작용한다. 결국 단순한 차원이 아닌 '빛 고운 화석'이 되고자 하는 '둘 하나'는 욕망이 아닌 구축한 사랑으로 합일한 미래의 세계를 그리고 있다.

"둥근 커피잔 속으로/ 노을이 번지는 시간// 을숙도 풍경이 함께하는/ 자리에 앉았더니/ 새털구름 흘러가는 창 너머로/ 물무늬 흔들림과 하나 되는/ 나의 낭만을 위하여/ 낙동강 저녁물꽃 피어나고 있다// 아보카토의 달콤함과 어울리는/ 커피 본래의 향, 그곳으로// 자맥질하는 노을/ 카페라떼 잔을 채운 하트가/ 핑크빛으로 새겨질 때/ 강물은 제 이름을 지웠다"(「명지카페에서」 전문)의 구절을 통해 자연의 시간을 감촉하여 자연과 함께 하려는 인간의 응시 속에서 일어나는 아름다움을 느낄 수 있다. "물무늬 흔들림과 하나 되어 보는" 동화적인 사설은 '흔들림'을 통해 생성한다는 미학을 표상한 것으로 여겨진다. 그리고 아보카토의 달콤함, 자맥질하는 노을 등으로 배치하면서 제목의 이미지를 재치 있게 표상한 시편이라 하겠다.

다음은 객관적 상관물을 통해 의미를 콜라주하여 개성적인 노래로 전환되는 「태양의 손길」에서 현실에 대한 극복의 의지를 환기한다.

무화과 묘목을 심는다

비꽃이 살포시 손등에 떨어진다
열매 속 꽃을 볼 수 있으려나

긴 장맛비는 그칠 줄을 모른다
작은 도서관,
책을 읽은 지 삼십 분도 안 되어
글자들이 제각각 흩어진다
노안이 시작되면서 걱정이 많다

저녁밥을 지으려고 쌀을 씻는다
서녘 해와 눈이 마주친 순간
심한 통증으로 달포 동안
힘든 시간을 보낸다
'괜찮겠지'

부처님 가피를 믿기로 한다
.
.
.
겨자씨보다 작은 점들이 보인다

—「태양의 손길」 전문

시는 사건에서 시작한다. 이 시에서 사건이란 "무화과 묘목을 심는"것이며, 무화과 묘목은 하나의 물상이 지나치는 것이 아니고 '심는다'를 묘파하면서 뿌리를 내리는 현장임을 감지할 수 있다. 제목의 이미지는 우주적 관점이지만 일상의 접목에서 직시한 위기의식이 열거되어 있다. 1연의 "열매 속 꽃을 볼 수 있으려나"에서 나무의 성장을 염려하는 듯한 위기의 공감대 자극과 2연에서 "글자들이 제각각 흩어진다"는 새로운 사건의 피력으로 궁금증을 유발하고 3연에서 순간적인 심한 통증의 발현은 다시 한번 위기를 환기시키고 있다. 그러나 4연에서 "부처님의 가피를 믿기로"한다는 휴머니티를 회복하려는 진정한 행위에 이어 새로운 눈뜸의 계기를 마련한다. "담임선생님께서/ 식목일에 묘목을 주며/ 잘 키워보라고 하셨다// …(중략)…// 고향 곰실에 가면/ 당산나무와 나란히 서서/ 한결같이 나를 반긴다"(「나의 배롱나무」 부분)에서 또한 사건의 시작은 묘목을 심는 것이다. 마을을 지켜주는 신령이 깃들었다고 생각하는 당산나무와 나란히 배치한 것은 배롱나무의 생명력을 키우고자 하는 자구적인 현상으로 변용된다.

4.

바람에 여미는
그대 사랑이 궁금한
잎새는
정오 가을볕을
하얗게 그리웁니다

사랑이여!
꽃잎에 맺힌 눈물
그리움으로 영글어

저 멀리 별이 되어
만나게 하소서

―「꽃무릇 1」 전문

시인은 자연을 통해 꿈을 꾼다. 현실에 발이 묶여 있는 한 꿈을 이루는 것은 한계가 있기 때문이다. 꿈을 이루기 위한 과정에서 '바람'과 먼저 소통하고 이렇게 제공된 소통의 기회에 '꽃잎'의 궁금증을 발견한다. 그 궁금증은 그대의 사랑이다. 하지만 그 사랑의 의미는 나를 향한 또는 나에 대한 사랑이므로 자연을 통해 무한한 생명성을 획득한다. 외적 상황에 해당되는 '정오 가을볕'은 단순한 차원이 아니라 힘들다는 사실을 보여주는 단적인 예라 할 수 있다. 그러나 현실에 안주하거나 함몰되지 않고 '그리움'으로 의식을 전환한다. 그러므로 '사랑이여!'에서 발휘하는 영탄과 호소는 그리움의 극한까지 자아를 몰아붙이는 내면 속의 '나' 자신을 의미한다. 다시 말하면 라캉이 말한 대로 현실 속의 '나'는 그대를 그리워하는 주체이다. 이때 '별'은 현실에서 벗어나 신성한 공간으로 이동을 가능케 하는 통로가 된다. 시인은 자연의 순환을 통해 그가 소망하는 사랑을 구가하고 있으며, 간결하고 정제된 시어로 그리움의 강도를 높였다고 하겠다. "홍조 띤/ 나를/ 그대 보시라/ 기다리면/ 올까하여/ 가을을 다지고 있나니/ 그래도/ 아니 오면/ 나의 그리움/ 번뇌에 빠지리라"(「꽃무릇 2」 전문)고 하여 그대를 향한 그리움을 구가하여 성취하고자 하는 것은 '번뇌'가 아니다. 만남을 이루고자 하는 인간의 나약함을 이끌어 나가는 순수한 마음에서 야속함을 드러내는 연민이라 할 수 있다. “그대 향한/ 내 그리움/ 노을보다 붉어/ 더 슬프다// 서산에/ 노을 지듯/ 나도 당신도/ 저 산을 넘어서면/ 만남의 세계가 있으리라(「꽃무릇 3」 전문)”는 구체화된 행위를 통해 전달되는 것은 ‘만남’이다. 꽃무릇 1, 2, 3 연작을 통해 그리움의 일체화는 만남의 성취를 위한 것이다. 자연을 향해 의도적인 작위를 가하지 않으면서 하나의 일체화를 이룰 수 있는 것은 자연의 숨은 속살을 소재로 삼았기 때문이 아닐까 이해된다. 그리고 언어를 조율하는 시인의 역량이 빛났으며, 서정시의 사건적 요소가 지향하는 의미를 잘 유도해 서정시의 의미를 보다 더 확장한 것이 아닌가 생각된다.

이 같은 흐름과 달리 사건이 비관적 의미를 보다 심화하거나 다른 생명을 탄생하게 하는 조건이 되는 것이다.

> ① 바다를 무너뜨리는 불씨를/ 눈도 깜짝 않고/ 버리면 어쩌란 말인가// 해심에서 들려오는 낯선 소리/ 몸살을 앓는 고래를 구해달라고/ 세이렌조차 절규하는// 섬나라에서 방사능 오염수를/ 해양에 방류한 날부터/ 명지 앞바다가 울고 있다
>
> —「어머니의 바다」 전문

> ② 북극성을 출발해서/ 고귀하게 받은/ 이름 석 자, / 한참 살다 보니/ 불시착을 원했다는 말에/ 한없이 가여워진다// 대연 선생은 내게/ 아호 고천古泉을 주며/ 물이 되어/ 끝없이 낮추고 베풀어야만 / 업業이 씻긴다고 하셨다// 감로사 혜총스님으로부터/ 법명 선덕자善德子를 받고/ 어떻게 살아가야 할지/ 법당에 앉아 눈을 감는다// 백발번뇌 풍경소리가/ 죽비 되어 도솔천을 걷는다

—「나를 찾아서」 전문

①의 '불씨'로 인해 확산되는 것을 유추하게 된다. 눈도 깜짝하지 않는다는 행위는 몰염치 또는 파렴치를 떠올리게 하는 시적 형상화로써 '버린다'의 의미를 비관적 의미로 심화하고 있다. 아름다운 노랫소리로 뱃사람을 꾀어 죽게 했다는 바다의 요정까지 절규하게 하는 '오염수' 방류 문제를 다루며 사회적 요인으로 확대되고 있다. 이러한 현상 속에 다루어지고 있는 메시지는 바다의 저항에 관한 또는 절규에 관한 이야기이다.

②의 '출발'은 이름 석 자에서 추출한 예상치 않은 '불시착'에 근거해 이야기를 이끌어 나가고 있다. 시인의 견해라고 할 수 없으나 이름에서 발생하는 뜻을 실천해 나가려면 '불시착'을 수용하지 않을 수 없다. 법당에 앉아 눈을 감는다는 불교적 심상을 통해 자아의 세계와 유기적 통합을 이루고자 하여 상황의 시적 효과를 극대화하고 있다.

위의 시에서 보여주는 병렬 배치는 인간과 자연의 결합단계에 그치지 않고 우주공간이라는 다원적인 상상력의 범위로 확대되어 간다.

5.

노정숙 시인은 자연의 무한한 가치를 언어 안에서 정신의 확장과 자유로운 사상의 발현으로 취득하고 있다. 그것은 삶의 집착에서 벗어나 '우주'라는 넓은 공간으로 상상력이 확대된다. 그리고 사물에 대한 묘사 또한 단순하지 않은 것은 불교적 사상의 발현이라고 할 수 있는 무애의 경지에 도달함을 경험하고자 하는 시인의 지적知的 사유와 의지가 극명하게 나타나고 있다. 이러한 성취는 자연과의 대화를 통해 인간이 느끼는 어려움이나 갈등이 해소될 뿐만 아니라 그 속에서 또 다른 세계로 진입할 수 있는 기회를 마련하고 있음을 알 수 있다.

시인의 시적 자각의 근원이 되는 자연의 순결성을 구가하는 노정숙 시인의 시 정신은 인간의 순수는 변함이 없다는 것을 천명하고 있다. 이 같은 시인의 맑은 정신과 견고한 지성의 발로를 통해 그가 추구하는 시의 지평을 확장 시켜 나갈 것이라 확신한다.

태양의 손길

1판 1쇄 · 2025년 5월 28일

지은이 · 노정숙
펴낸이 · 서정원
펴낸곳 · 도서출판 전망
주　소 · 부산광역시 중구 해관로 55(중앙동 3가) 우편번호 · 48931
전　화 · 051-466-2006
팩　스 · 051-441-4445
출판 등록 제1992-000005호

값 10,000원

ISBN 978-89-7973-651-9
jmw441@hanmail.net

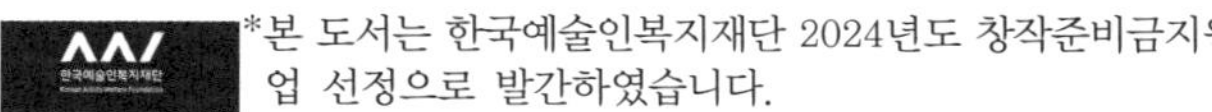
*본 도서는 한국예술인복지재단 2024년도 창작준비금지원사업 선정으로 발간하였습니다.